AF221887

FSC
www.fsc.org
MIX
Papier aus ver-
antwortungsvollen
Quellen
Paper from
responsible sources
FSC® C105338

Bibliographische Information der Deutschen Nationalbibliothek:
Die Deutsche Nationalbibliothek verzeichnet diese Publikation in der
Deutschen Nationalbibliografie; detaillierte bibliografische Daten sind im
Internet über
http://dnb.d-nb.de abrufbar.

HERSTELLUNG UND VERLAG: BOD – BOOKS ON DEMAND, NORDERSTEDT

ISBN: 9783754360316

Günter Hase

Heiter bis wolkig

Gedichte

Heiter bis wolkig

Scheint die Sonne hell und klar,
gehts uns allen meistens gut.
Kommen Wolken dann ein paar,
sich der Mensch schon schwerer tut.

Wenn der Himmel sich verschließt
und sich recht bedrohlich zeigt,
wenn es dann in Strömen gießt,
das Gemüt zum Nullpunkt neigt.

Doch wir brauchen auch den Regen,
weil dann alles gut gedeiht.
Also klagt man nicht deswegen,
sondern nutzt auch diese Zeit.

Wenn danach die Sonne lacht,
sollte man mit Freude singen,
alles wird dann leicht gemacht
und wohl auch ganz gut gelingen.

Alltag

Die bekannten Alltagsorgen
löse möglichst gleich im Nu,
denn bereits am nächsten Morgen
kommen neue noch dazu!

Gezügelte Worte

Ein jeder hat sein Temprament,
das dieser selbst am besten kennt.
Hab ich mal etwas glatt gemeistert,
bin ich gleich überaus begeistert.
Und dieser wilde Eifer brennt.

Geht mir jedoch was auf den Geist,
dann ärger ich mich allermeist
und schaff mir gleich die Wut vom Bauch.
Doch andre Wege gibt es auch,
wenn dieser Ärger wieder beißt.

Eh meine Zunge tödlich trifft,
ergreif ich lieber Feder, Stift
und nehm die Worte an die Zügel,
denn viele haben scheinbar Flügel
und manche wirken gar wie Gift.

Gerüchte

Selten kann man vor Gerüchten
ganz entkommen oder flüchten.
Ist der Weg erst mal gebahnt,
wachsen sie meist ungeahnt.

Soll man sich nach Kräften wehren?
Das kann den Verdacht vermehren.
Oder ob man besser schweigt
und sich ganz erhaben zeigt?

Hat man eine reine Weste,
ist die Wahrheit wohl das Beste,
die das Ding beim Namen nennt
und den Kern vom Fleische trennt.

Denn Gerüchte sprießen stündlich,
gleichwohl schriftlich wie auch mündlich
und sie wachsen in Potenzen.
Manchmal folgen Konsequenzen.

Ist der Gipfel überschritten,
wird schon weniger gestritten,
bis vielleicht zu allerletzt
endlich Gras darüber wächst.

Störfaktoren

Als neulich ich beim Arzt gewesen,
hab ich die Wartezeit gelesen,
was so die Menschen alles stört.
Mal ists der Hirsch, der zu laut röhrt,

Dann ists ein Frosch, der zu laut quakt,
vielleicht ein Auto, das falsch parkt.
Natürlich stören Hundehaufen,
wenn du und ich darüber laufen.

Mitunter stört das Kinderspiel
und auch der Sport gibt manches Ziel
für die vermeintliche Empörung
wie über solche Ruhestörung.

Und immer wieder gibts Berichte
vom harten Urteil der Gerichte.
Ich frag ganz ängstlich: Was wird nun
aus meinem Hahn und meinem Huhn?

Denn das Gegacker und Gekrähe
erschreckt den Nachbarn in der Nähe.
Denn wie so oft läuft es nicht glatt,
wenn einer einen Vogel hat.

Papier ist geduldig

Oftmals sagt man so beiläufig:
Das Papier ist recht geduldig
Aber dennoch doch sehr häufig
eben auch nicht selten schuldig.

Wer es war und auch mit wem?
Wann geschah es und wie oft?
Ja, fürwahr nicht angenehm
trifft es manchen unverhofft.

Fettgedruckt! Erkannt sofort:
Meier ist es wohl gewesen! -
Wieder ein Gerüchtemord!
Jeder kann es deutlich lesen.

Wie viel Kummer über Nacht
durch paar unbedachte Zeilen
hat ne Meldung schon gebracht.
Einmal wird sie dich ereilen.

Das passierte schon indes
dem Athener Perikles
durchs umstrittne Scherbeng´richt.
Sehr viel anders ists heut nicht.

Fehlerteufel

Wenn der Teufel sich anschickt
und den Text mit Fehlern spickt,
dann ist meist der Wörter Sinn
ganz verworren oder hin.

Aus dem „Lied" macht er ein „Leid".
Ja, er treibt es wirklich weit.
Setzt ein Komma, wo keins ist,
sät die Punkte und vergisst.

Er tauscht Zeilen hier und dort,
mal fehlt gar ein ganzes Wort,
setzt auch neue Silben ein,
stört den Rhythmus und den Reim.

Deshalb kann ich hier nur hoffen,
dass ich weniger betroffen,
und der Fehlerteufel nicht
stört zu häufig das Gedicht.

Beim Frisör

Meistens lässt sichs nicht vermeiden,
dann muss man zum Haareschneiden,
denn die Haare sprießen täglich.
Schließlich ist es unerträglich.

Wie bei mir: Ein viertel Jahr
ändert einen durch das Haar.
Wenn man in den Spiegel schaut,
ist man von sich nicht erbaut.

Spätestens in dem Moment,
wenn man selbst sich nicht mehr kennt,
stellt man schließlich sich dem Messer,
doch dann wird es auch nicht besser.

Geht man frisch frisiert nach Haus,
heißt es: Wie schaust du denn aus?
Durch das Haar, das kurz geschoren,
hat man sein Gesicht verloren.

Dass das Outfit bleibt konstant,
bin ich zeitig hingerannt,
um das Haupthaar nur zu stutzen
und den Nacken auszuputzen.

Der Frisör sollt so vermeiden,
die Frisur zu kurz zu schneiden.
Dieses wolle er bedenken,
ich darf ihm Vertrauen schenken. -

Lauschend des Frisörs Geschichten,
vieles hat er zu berichten,
bin ich ruhig und gelöst
und beinahe eingedöst.

Beim Erzählen unterdessen
hat der Meister wohl vergessen,
was mein erster Vorsatz war:
Viel zu kurz ist schon mein Haar.

Haarwuchsmittel

Erreicht man die gewissen Jahre,
vereinzeln sich des Mannes Haare.
Und auf des Kopfes höchster Stelle
wird es mit einem Male helle.

In kurzer Zeit entsteht ne Platte
dort, wo man sonst das Haupthaar hatte.
Der Haarverlust, der nicht zu dämmen,
verschlimmert sich beim Waschen, Kämmen.

So sind bei der Problemverkettung
die Haarwuchsmittel letzte Rettung
und alles, was man kriegen kann,
das wendet man voll Hoffnung an.-

Schon sprießts im Nacken und am Kinn,
in Ohr und Nase - immerhin,
doch bleibt des Kahlschlags voller Glanz,
denn ringsherum wächst nur ein Kranz.

Wenn man in einen Spiegel blickt,
dann tut das weh und man erschrickt
vor der Kosmetik Wunderwerk.
Man gleicht jetzt einem Wurzelzwerg!

Fazit: Mit meinen letzten Haaren
werd ich mir dieses Los ersparen.
Mit ihnen nehm ich jede Hürde
und trag die wenigen mit Würde.

Höchstgewicht

Nach so vielen Feiertagen
plagt mich nun das Höchstgewicht.
Mir passt weder Hos noch Kragen.
So mag ich mich selber nicht.

Bauch und Hüften voller Falten!
Mich stört auch das Doppelkinn.
Manche Nähte wolln nicht halten.
Die Figur ist völlig hin.

Ich hab mir fest vorgenommen:
Möglichst oft im neuen Jahr
wird gelaufen und geschwommen,
wie es früher einmal war.

Die Brille

In die Lage kommt wohl jeder,
der wie ich ein Brillenträger,
dass man manchmal wie verflucht
die verlegte Brille sucht.

Schließlich ist es gar nicht leicht,
weil ohne nicht die Sehkraft reicht.
Ist erst mal die Brille weg,
hat das Suchen wenig Zweck.

Neulich einmal lag die Brille
draußen in ner Bodenrille.
Als ich mit den Kindern tollte,
sie wohl von der Nase rollte.

Tagelang, man glaubt es kaum,
lag sie mal im Kofferraum.
Plötzlich war sie einfach fort.
Und ich suchte hier und dort.

Dass so was nie mehr geschieht,
bleibt sie da, wo man sie sieht,
nämlich mitten im Gesicht.
Da verlegt man sie wohl nicht!

Gestern war ich sehr in Eile,
und ich suchte schon ne Weile
nach dem werten Sehgestell.
Abend wars und nicht mehr hell.

Suchen halfen Frau und Sohn
selbst auf Wunder hoffend schon.
Plötzlich schaut mein Weib mich an.
Grinsend sagt sie: Lieber Mann!

Sieh den Spiegel an der Wand!
Dieses Bild war mir bekannt.
Ei verflucht, das Maß war voll.
Jene war, wo sie sein soll.

Mit anderen Augen

Alles, was recht gut gelingt,
wertet man als gutes Ding.
Dinge, die jedoch nichts taugen,
sieht man meist mit andern Augen.

Was dem einen ist genehm,
ist dem andern unbequem
und wird möglichst auch vermieden.
Menschen sind doch sehr verschieden!

Gibt es nichts, nimmt man die Lupe
und findet was in jeder Suppe.
Drückt man doch die Augen zu,
hat das Seelenleben Ruh.

Viele filtern ihren Willen
stets durch stark getönte Brillen.
Dann ist alles rosarot,
selbst Probleme sind im Lot.

Manchmal aber kanns geschehen,
dass ganz viele besser sehen,
wenn die Augen sind verhängt
und dann nur das Innre lenkt.

Landtagswahl

Zur Landtagswahl am Wochenende
da wird noch einmal hart gekämpft.
Gelingt wohl diesmal eine Wende?
Der Optimismus ist gedämpft.

Ich steh im Wald der Wahlplakate:
Mich schauen die Gesichter an.
Erhöht man so die Stimmenrate?
Ob das den Wählern helfen kann?

Soll man den Worten Glauben schenken,
wenn man so viel Versprechen hört?
Jetzt ist noch Zeit, um nachzudenken,
damit auch niemand uns betört.

Am Sonntag sollten alle wählen,
denn jede Stimme hat Gewicht.
Auch ich werd wohl dabei nicht fehlen,
denn das ist schließlich Bürgerpflicht.

Haushaltssäckel

So manche Wünsche sind zu streichen.
Das Haushaltssäckel ist fast leer.
Und weil die Mittel nicht mehr reichen,
zählt auch so manches Wort nicht mehr.

Es heißt nach ein paar fetten Jahren,
als noch das Geld recht locker saß,
auf einmal wieder kräftig sparen,
was man derweil schon ganz vergaß.

Da fehlen nun erhoffte Steuern,
es drückt die hohe Zinsenlast.
Den alten Rock gilts zu erneuern,
damit er nächstes Jahr noch passt.

Was hilfts zu stöhnen und zu meckern,
wenn noch so zwickt das enge Kleid.
Dann muss man eben etwas kleckern
und manches braucht ein wenig Zeit.

Vielleicht hilft auch das Fabelwesen,
das intressiert zum Rathaus guckt.
Doch jeder Esel will erst Spesen,
bevor er die Dukaten spuckt.

Im gleichen Boot

Nach der langen Sommerpause
tagte nun im Bürgerhause
wieder mal das Parlament
ziemlich lange, was man kennt.

Gut erholt und gut gelaunt,
Ich war wirklich sehr erstaunt:
Motiviert und souverän
und ganz sachlich noch um zehn.

Loben muss man das Niveau,
denn es war nicht immer so.
Friedlich saßen Schwarz und Rot
endlich mal im selben Boot.

Fehlanzeige: Streitereien
zwischen örtlichen Parteien!
Einig wurde hier entschieden.
Auch die Gäste warn zufrieden.

Deshalb muss man laut betonen:
Denkt nicht immer in Fraktionen!
Denn es ist meist gar nicht leicht,
bis das beste Ziel erreicht.

Haushaltshilfe

Manchmal ist es schon von Nutzen,
hat man eine Frau zum Putzen.
Das spart Zeit für andre Sachen,
die doch viel mehr Freude machen.

Dreimal kommt sie alle Wochen,
und dann brauch ich nicht zu kochen.
Sie ist flink wie eine Biene,
schneller nur die Waschmaschine.

Nach verdienter Kaffeepause,
denn sie fühlt sich hier zu Hause,
kann sie sich dann voll entfalten,
doch man muss sie unterhalten.

Meine Blumen pflegt sie fein.
Leider gingen ein paar ein.
Bunte Wäsche kocht sie gerne.
Grund genug, dass ich es lerne.

Doch sie meint es immer gut.
Ich bewundre, was sie tut.
Immer glänzen Klo und Bad,
weil sie beste Mittel hat.

Oh, sie liebt die Scheuermittel!
Warum trägt sie keinen Kittel?
Ich hab drüber nachgedacht:
Weil sie sich nicht schmutzig macht!

Manches wird sie mir notieren.
Ich muss es tun, ich muss parieren.
Und aus Angst vor solchen Pflichten
werd ich vieles vorher richten.

Ding-ding-dong

Wir hörten unsre Klingel nur
direkt daneben und im Flur.
Zum Glück war unser Hund zur Stell,
begrüßt die Gäste mit Gebell.

Doch allerdings in letzter Zeit
da hört auch er nicht mehr gescheit.
Und so geschiehts, dass Gäste gehen,
wenn sie umsonst schon lange stehen.

An Lösungen gibts da nicht viele:
Die Klingel sollte in die Diele!
Am allerbesten ist dann schon
ein lauter Gong mit Dreiklangton.

Jedoch wer hätte das geahnt,
als alles fertig wie geplant!
Wir lauschen hocherwartungsvoll,
ob es so klingt wie es denn soll.

Ding-ding-dong! So furchtbar laut.
Ich bin entsetzt und nicht erbaut.
Ach, drehn Sie dieses Ding bloß leiser!
Entgegne ich spontan leicht heiser.

Ich denk sogleich an unsre Penne,
wovon ich diesen Klang schon kenne.
Die Töne sind genau die gleichen
so wie der Schule Pausenzeichen.

Ja selbst zu laut das Minimum,
deshalb bleibt diese Klingel stumm.
Ich mein, die Laute, die nur stören,
braucht man nicht unbedingt zu hören.

Besetzt!

Man erlebt es, dass man hetzt
zu dem Ort, der dann besetzt.
Doch man kann nicht länger warten,
stürzt hinaus und in den Garten.

Öffnet erst ein kleines Pförtchen
und erreicht das stille Örtchen,
das zwar nicht der letzte Schrei,
doch sehr hilfreich, nämlich frei.

Endlich nun das Ziel gefunden,
weilt man hier paar schöne Stunden,
denn man lässt sich wirklich Zeit,
weil niemand klopft und keiner schreit.

Pfützen

Unser Ort scheut keine Mühn,
jeder kann es deutlich sehen,
lockt als Wohnort mit viel Grün
zum Spazierengehen.

Doch die schönsten Wanderwege,
welche leider wenig nützen,
sind – wie schade – mangels Pflege
übersät mit Pfützen.

Wenn ich hier durchs Wasser lauf,
bleibt kein Fuß lang trocken.
Ich kehr um und pfeife drauf.
Nichts mehr kann mich locken.

Wenn die Pfützen fest gefrieren,
wirds ein echter Eiskunstlauf.
Meist jedoch auf allen Vieren
geb ich diesen auf.

Mit viel Worten mein ich dies,
das ist meine kleine Bitte:
Hilfreich wär ein bisschen Kies
für ganz sichre Schritte.

Abkürzungen

Abkürzungen, dies häufig gibt,
sind grad in unsrer Zeit beliebt,
was schon bisweilen dann und wann
zu Missverständnis führen kann
Wie in der Uni-Klinik Kiel,
wo es mir sonst recht gut gefiel.

Nach meinem Test auf Allergie
gab es gleich morgens in der Früh
nur die **K**artoffel-**R**eis-**D**iät,
die man bei Allergien rät.
Beim Frühstück nahte die Visite,
als ich mich grade redlich mühte,

Zu Pellkartoffeln trocknen Reis
ganz ohne Zutat löffelweis
recht widerwillig zu mir nahm,
dieweil dafür kein Hunger kam.
Man schaute mich verwundert an
und blickte auf den Speiseplan.

Die Kartoffel-Reis-Diät, kurz KRD,
war hier gar nicht geplant, oje.
Die KWD, wie es hier scheint,
war eher wohl als Test gemeint,
KWD für **K**älte, **W**ärme, **D**ruck.
So ging die KRD zurück.

Zum **B**rötchen gabs nun **K**äse, **W**urst
und guten Kaffee für den Durst.
So wurd das Essen in der Früh
ein feines BKW – Menü.
Der KWD-Test dann verlief
im Anschluss auch noch negativ.

Rückenschmerzen

Ganz fürchterlich schmerzt mir der Rücken,
dass ich gekrümmt statt aufrecht geh.
Ich kann mich nur mit Mühe bücken,
und jeder Schritt tut höllisch weh.

Ich wälze tausend kluge Bücher
und frage jeden Arzt um Rat.
Ich hülle mich in feuchte Tücher
und schwitze dann bei neunzig Grad.

Am schlimmsten sind die langen Nächte,
wenn jeder Nerv mich einzeln quält.
Was nützen denn die Menschenrechte,
wenn einem die Gesundheit fehlt?!

Der Jahreswagen

Das Auto ist, sei mal ganz ehrlich,
für unsereinen unentbehrlich.
Ach leider wirds in ein paar Jahren,
die man tagtäglich ist gefahren,

Auch immer älter mit der Zeit.
So braucht man wohl, fast tut es leid,
weil das besagte nichts mehr wert,
ein etwas neueres Gefährt.

Derweil der Wunsch im Herzen brennt,
fragt man den Händler, den man kennt,
nach Sonderpreisen und Rabatt,
weil man doch kein Vermögen hat.

Fast aussichtslos ist wohl ein neuer,
der sicherlich für uns zu teuer!
Man wird ermahnt, nicht zu verzagen.
Dort steht ein toller Jahreswagen!

Der glänzt im Licht metallicblau.
Die Farbe liebt sogar die Frau,
mit vielen Extras wie ein Traum,
und dabei bietet er viel Raum.

Als man bequem am Steuer sitzt,
scheint diese Sache schon geritzt.
Der Händler listig schmiert den Bart
und lädt sodann zur Probefahrt.

Man fühlt sich wie im Himmelbett.
Der Händler zeigt sich wirklich nett,
nennt Zahlen, Daten und belehrt,
wer diesen Wagen alles fährt.

Ja, alles andre wird sich zeigen.
Schon sieht man diesen als sein eigen.
Man schwebt derweil auf Wolke sieben,
doch noch ist kein Vertrag geschrieben.

Der letzte Blick von allen Seiten,
vermag auch Freude zu bereiten.
Der ganze Wagen ist ein Traum!
Dann öffnet man den Kofferraum:

Die Tür geht leicht und auch ganz leis,
da liegt ganz offen so der Preis,
der eigentlich nach vorn gehört,
und allen Zauber jäh zerstört.

Der Händler jedoch gibt nicht auf,
spricht von Prozenten bei dem Kauf.
Möglich wärn auch günstge Raten.
Ich überleg und werd′ wohl warten.

Natürlich hofft man schon mal eben,
vielleicht wird Papa ja was geben.
Doch Vater sagt: Wir werden sehn,
lass uns mal erst zu Opa gehn!

Fahrradpanne

Wir radeln grad durch die Natur,
da rattert es und ich ahn nur:
Das liegt wohl an dem Hinterrad,
das wieder mal nen Plattfuß hat!

Damit ich nicht erschein als Flasche,
ergreif ich gleich die Werkzeugtasche
und lös zuerst die festen Muttern.
Die Lissa aber ist beim Futtern.

Im Fahrradmantel steckt ne Zwecke!
Dann also runter mit der Decke!
Das geht auch alles wie im Nu
und Lissa guckt gelassen zu.

Indem sie motivierend nickt,
ists kleine Loch recht bald geflickt.
Probleme macht die blöde Kette.
Wenn man nur mehr Routine hätte!

Ich lös auch noch das Kettenblech,
und Lissa meint, das war echt Pech.
Dann aber hab ichs doch vollbracht
und bin ganz stolz. Die Lissa lacht.

Als ich nun aber treten will,
da macht es ratsch, dann ist es still.
Das Fahrrad lässt sich nicht mehr schalten.
O je, das ist nicht auszuhalten!

Ich fummel hier, versucht auch das,
doch Lissa sagt: Nicht schlimm, so lass
und gibt mir tröstend einen Kuss.
Gemeinsam geht es nun zu Fuß.

Wohnmobil

Das Wohnmobil als Kindheitstraum
erfüllte sich bisher wohl kaum.
Doch mit der richtgen Partnerin
bekam der Wunsch erst einen Sinn.

Die Wahl fiel uns doch ziemlich schwer,
denn WoMos gibts wie Sand am Meer
und viel Prospekte und Broschüren,
die dir kaum helfen, mehr verführen.

So war das Jahr schon fast gelaufen.
Wir sprachen weniger vom Kaufen.
Dann gabs gesundheitlich Probleme,
auch die blockierten unsre Pläne.

Sohn Ingo stellte noch die Frage,
sind denn wir Alten in der Lage,
mit solchem Fahrzeug umzugehn.
Beim Mieten würden wir es sehn.

Da kam ganz hilfreich Holgers Rat:
Prüft die Annonce von privat!
Er gab uns gleich auch den Hinweis
auf Extras, Kilometer, Preis.

So fanden wir das Wohnmobil,
das beiden uns sofort gefiel.
Es war nicht groß trotz langer Betten,
die wir natürlich gerne hätten.

Schon bald nach kurzem Probefahren
da waren wir uns schnell im Klaren
und machten gleich den Kauf perfekt,
obwohl wir Mängel schon entdeckt.

Fürs Carport wars Mobil zu hoch,
zu schmal die Auffahrt, aber doch
dran sollte es nicht wirklich scheitern.
Es galt, sie einfach zu erweitern.

Fort mussten Sträucher, Pfosten, Mauer,
dann Steine setzen selbst im Schauer.
Ach, Arbeit gab es immer wieder.
Es schmerzten Rücken und die Glieder.

Nun galts, das WoMo noch zu testen:
Die Stromversorgung war am besten,
die Wasserpumpe war nicht dicht,
der Kühlschrank arretierte nicht.

Es funktioniert der Herd, doch ach
mit Knall die Glasabdeckung brach,
weil ich nach Stunden erst erkannte,
dass eine Flamme dann noch brannte.

Beim Packen war die Freude groß,
denn nun gings schließlich endlich los.
Bevor wir jetzt gen Ostsee fuhren,
gabs erst die nötgen Repraturen.

Wir bauten auf, es fehlt der Tritt.
Er blieb in der Werkstatt und kam nicht mit.
Wir hatten sehr schöne Tage am Meer,
doch warum war der Wassertank leer?

Der Boiler war offen auf Winterbetrieb.
Ganz klar, wo all das Wasser verblieb.
Ach ja, Erfahrung ist sehr wichtig.
Erst danach klappt wohl alles richtig.

Die Reisen warn jetzt wunderbar,
beim Womo ging auch alles klar.
Schon planen wir ganz neue Ziele,
denn Träume haben wir noch viele.

Computer

Der Chef verordnet: Nun, mein Guter,
ich brauch Sie dringend am Computer!
Doch ich will lieber selber denken.
Dem Ding soll man Vertrauen schenken?

Bedenken schwirren durch den Kopf:
Wie unpersönlich Knopf an Knopf!
Doch weil man mich so sehr beschwor,
setz ich mich vor den Monitor.

Nach paar Lektionen ahn ich dann,
was das Gerät so leisten kann.
Der Eifer wächst wie eine Flamme.
Es gibt fantastische Programme!

Ganz langsam kommt auch die Routine,
und man wird selber zur Maschine.
Obwohl es mal recht schwer anfing,
denk ich jetzt so wie jenes Ding.

Verkabelt

Die Technik schreitet ständig fort,
so auch in unserm Heimatort.
Verkabelt wächst die Möglichkeit,
nun fernzusehn zu jeder Zeit.

Bei riesiger Programmauswahl
wird die Entscheidung schon zur Qual.
Und schwierig wird es zu verrichten
die täglichen Familienpflichten.

Ich, der sich schwer dem Fortschritt beugt,
ist überhaupt nicht überzeugt,
dass dadurch steigt der Freizeitwert.
Vielleicht ist dieser Schritt verkehrt!

Ich denk, guckt man gar stundenlang,
wird man am Ende fernsehkrank.
Bekanntlich wächst das Suchtverhalten,
wenn Angebote sich entfalten.

Radio

Man erwacht mit Rundfunktönen,
die beim Wecken schon versöhnen.
Wenn man fest geschlafen hat,
geht man singend in das Bad.

Auch in jeder Küche steht
selbstverständlich ein Gerät,
welches jubiliert und singt
und uns schnell in Stimmung bringt.

Doch ist das, was wir so lieben,
vom Geschmack her sehr verschieden:
Ich hör gern für alle Fälle
meistens nur die eine Welle.

Aber schöne Melodien
sind beim jungen Volk verschrien.
Rhythmusklänge macht sie froh.
Die bringt nur ihr Radio.

Dreht der eine an dem Kasten,
gehts dem anderen zu Lasten.
Ich sehn mich nach dem Gerät,
bei dem nur ein Sender geht!

Geldumtausch

Kaum gelandet, wies auch sei,
brauchten wir dringend rumänische Lei.
Deshalb wär es doch wohl klug,
hier am Flugplatz wechselt man gut.

Fünf zu eins nach örtlicher Währung!
Doch im Bus gabs die Bescherung.
Hier bot man dasselbe mal zwei:
Für einhundert Euro fünfhundert Lei.

Angekommen im Hotel
klopfte es kräftig und ganz schnell.
Der Chef des Hauses bot noch mehr.
Wo nehmen wir die Euros her?

Schließlich dann im Luna-Feld
tauscht man zwanzigfach das Geld.
Doch nun ließen wir das Tauschen,
wollten erst für Lei was kaufen.

Aber leider weit gefehlt,
die falsche Währung war gewählt.
Für Euros gabs viel zu entdecken:
Die Lei aber blieben lange noch stecken.

Herzenssache

Ein Herz kann man verschenken,
jedoch ist zu bedenken,
dass nur die Seele liebt
und dir Erfüllung gibt.

Etwas Besonderes

Für meine Liebste - das wird eng -
da brauch ich dringend ein Geschenk.
Jedoch diesmal nicht so gewöhnlich,
vielleicht wärs besser mal persönlich!

Wie wärs mit Kette oder Ring?
Davon hat sie so manches Ding!
Vielleicht Parfüm mit schönem Duft?
Ich habe lieber reine Luft!

Es ist so schwer, mir fällt nichts ein.
Es soll doch mal was andres sein!
Was wünscht sie sich denn wohl am meisten?
Wir könnten uns so manches leisten.

Da fällts mir ein und ich erahn,
was wir ganz lange nicht getan.
Ja, ja, ich habs, das ist es doch:
Zum Tanzen gehts ins Belle Epoque!

Dass sich der Vorsatz nicht verliert,
hab ich sogleich mal reserviert.
Sie kann sich dann fest an mich drücken,
im Wiegeschritt der Zeit entrücken.

Möglichst schlicht

Wenn es im Winter friert und schneit,
dann ist es wieder mal soweit:
Da wird gejammert und gestöhnt,
weil man vom Sommer noch verwöhnt.

Heut ist es ganz besonders kalt.
Wir gehn spazieren in den Wald.
Ganz furchtbar dieser Ostwind pfeift,
so dass man auch die Frau begreift.

Sie tut mir wirklich furchtbar leid.
Für Winterkleidung wird es Zeit.
Wir spannen schon den Schlitten an.
Nach Kiel geht es zum Weihnachtsmann.

Was soll es sein? Und Anna spricht:
Natürlich warm, sonst möglich schlicht!
Der Mantel passt so wie ich seh.
Jedoch was ist bei Eis und Schnee?

Wohl besser wär er dick wattiert,
so dass man wirklich nicht mehr friert.
Vielleicht mal Pelz wie diesen Nerz?
Ich halte das für einen Scherz.

Der nächste Ständer zeigt sodann
ein schönes schwarzes, weiches Lamm.
Das gute Stück passt ungefähr,
doch ist es leider viel zu schwer.

Dann also leichter, nimm mal den!
Ja, der ist gut und so bequem!
Der letzte ists und heiß begehrt,
wird man sogleich gezielt belehrt.

Ich guck aufs Schildchen, seh den Preis.
Mir wird auch ohne Mantel heiß.
Er steht ihr gut, und wie er passt!
Ich bin auf alles nun gefasst.

Dazu noch einen schicken Schal!
Mir bleibt da keine andre Wahl.
Das Weihnachtsfest ist schon in Sicht:
Vor allem warm und möglichst schlicht.

Geburtstagsgeschenk

Was solln wir nur dem Erich schenken?
Ein Buch vielleicht, könnt ich mir denken.
Doch Erich hat so viel zu lesen,
das wäre ihm nicht recht gewesen.

So hab ich einfach ihn gefragt:
„Leimringe", hat er prompt gesagt.
Das wäre etwas, was ihm nützt,
weil es doch Obstgehölze schützt

Vor bösen Raupen und Ameisen,
die viele Früchte so zerbeißen.
Leimringe? Das ist kein Geschenk!
Das ist ganz sicher und ich denk:

Was gibt es noch für seinen Garten?
Ich lass mich intensiv beraten:
Vielleicht n Spaten oder Rechen?
Ich werde noch mal mit ihm sprechen.

Vielleicht auch Pflanzen wie Tomaten?
Ich weiß nicht recht, ich werde warten. -
Als ich mal durch den Baumarkt gehe
und dort nach Gartendingen spähe,

Sieht mich ein Gartenzwerg nett an
und zieht mich gleich in seinen Bann.
Der Zwerg könnt vor der Haustür stehn,
wo Erichs Gäste ihn dann sehn.

Als das Geburtstagsfest ansteht,
da geb ich Erich das Paket.
Er ist gespannt, was darin steckt,
packts aus und reagiert erschreckt:

Was soll ich damit denn nur machen?
Dieweil die andern Gäste lachen.
Und schon bedaure ich den Kauf,
da hellt sich Erichs Miene auf:

Wenn du´s erlaubst, das ist der Schlager
für meinen liebenswerten Schwager,
der morgen Silberhochzeit feiert.
Ich hab noch gar nichts angeleiert.

Wissensspiel

Seit meiner Kindheit spiel ich gern,
doch meiner Liebsten liegt das fern.
Jetzt endlich aber gibt es was,
das sie so liebt, ich aber hass:

Ein Wissensspiel als Zeitvertreib,
verzaubert das sonst müde Weib.
Mit ungewohnten schweren Fragen
entdeckt sie Chancen, mich zu schlagen.

Gewiss nicht billig, doch kein Preis,
wenn man so viel wie sie schon weiß.
Ganz hoch im Kurs das Fernsehwissen,
das Grüne Blatt ist nicht zu missen.

Denn viel gefragt ist hier der Klatsch.
Ich halte nichts von diesem Quatsch.
Doch geht es um die Wissenschaft,
sieht man schon, welche Lücke klafft.

Selbst Fragen nach James Dean und Wörner ...
Ein blindes Huhn kriegt auch noch Körner!
Vertrauter ist mir da der Sport.
Vielleicht komm ich mal da zu Wort!

Die Liebste aber bleibt am Zug.
Ja, dumme Fragen gibts genug.
Schon wieder ist die Antwort richtig!
Ach, das zu wissen, ist so nichtig.

Fast immer ist sie am Gewinnen.
Schon süchtig ist sie, ganz von Sinnen.
Da gibt es nichts, was sie so freut.
Den Kauf hab ich bereits bereut!

Nun geht es weiter, und ich merke,
auch Politik ist ihre Stärke.
Geb ich die Antwort mal galant,
dann heißt es bloß, das war bekannt.

Erneut fällt sie mir jetzt ins Wort:
Schon wieder wählst du deinen Sport!
Zu oft muss ich bei Fragen passen
und fange an, das Spiel zu hassen.

Doch heute les ich die Revue.
Ich gebe mir doch wirklich Müh,
studiere eifrig die Bild-Zeitung,
verkürze meine lange Leitung.

In Wissenschaft, man nicht vergesse,
vertieft sie sich mit viel Intresse.
Unglaublich ist auch die Geschichte:
Die Liebste liest selbst Sportberichte.

Langeweile

Er handelte in großer Eile
und folgte seiner Rosmarie.
Sie liebten sich ein ganzes Jahr,
dann kam bereits die Langeweile,
und bald darauf verließ er sie,
weil das wohl zu erwarten war.

Wochenende

Vernehm ich Schritte im Geschoss,
verspür ich noch der Sehnsucht Schmerz.
Doch wenn der Schlüssel sprengt das Schloss,
zerspringt fast mein so volles Herz.

Fünf lange Tage wie gewohnt
hab ich den Augenblick erträumt.
Jetzt wird das Warten reich belohnt
durch lauter Glück, das überschäumt.

Doch wenn du gehst am Montagmorgen,
wenn es noch ziemlich dunkel ist,
beginnen wieder all die Sorgen,
die man am Wochenend vergisst.

Denn vor mir liegt ne lange Woche,
in der ich warte nur auf dich,
auch wenn ich werke, jäte, koche,
bis du dann da bist - hoffentlich.

Singles

Immer wieder heutzutage
kommen Leute in die Lage,
dass nach all den schönen Jahren
ihre Ehe ist verfahren.

Wer das schmerzlich dann erkennt,
wird geschieden, lebt getrennt.
Doch man ist, wie dem auch sei,
ungebunden, sogar frei.

Wenn man neues Glück erhofft,
sucht man lange, und sehr oft
wird man klüger schon beizeiten:
Dieses Leben hat zwei Seiten!

Mancher, der allein zufrieden,
ist dann auch allein geblieben.
Meistens aber fehlt zum Glück
doch das traute Gegenstück.

Deshalb heißt es hier und heute:
Geht mal wieder unter Leute!
Wer zu früh den Mut verliert,
bleibt dann häufig isoliert.

Manchmal Tränen

Einst hab ich sogar im Traume gelacht,
hab weltvergessne Pläne gemacht
und glaubte an das Wunder.
Jedoch bald zeigte sich mitunter,

Dass alles seine Grenzen hat.
Ganz langsam wandte sich das Blatt.
Es fiel das erste böse Wort
und immer öfter blieb man fort.

Ein Wort wie Liebe sagt sich schwer.
Schon lange keine Blumen mehr.
auch selten mal ein Tut-mir-leid,
dafür mehr Gleichgültigkeit.

Ganz flüchtige Berührungen erschrecken,
und zufällige Blicke entdecken,
ganz ohne den Zeichen zu glauben,
schon manchmal Tränen in den Augen.

.

Zusammen

Einst tollten wir wie Kinder umher
und freuten uns an der warmen Sonne,
dem Wasser und dem weißen Sand
sowie an Blumen und Vogelgesang.

Sogar die Bäume und Sträucher am Weg,
und alles Schöne lebte mit uns.
Gemeinsam waren wir so glücklich,
denn wir gehörten einfach dazu.

Die Tage waren wie ein Traum,
denn wir entdeckten neue Welten,
uns selbst und vieles andre mehr.
Und es war einfach wunderbar!

Ganz plötzlich brach ein Unwetter los.
Wir waren erschreckt und rückten zusammen.
Wir hielten uns fest und sahen uns an.
So konnte uns gar nichts Böses geschehen.

Zum Glück hörte der Regen bald auf.
Die Sonne zeigte sich zwischen den Wolken.
Das frohe Lachen kam langsam wieder
und unser Leben begann aufs Neue.

Traumwelt

Der letzte heiße Sommer
malte ein farbiges Bild
auf die allerletzte Seite
meiner geheimen Traumwelt:

Ein fröhlich lachendes Gesicht
wie eine strahlende Sonne
mit großen blauen Augen
und langen goldenen Locken.

Dazu ein knallrotes Herz
und lange, lange Beine
inmitten bunter Blumen
und lustiger Schmetterlinge.

Ich fand einen passenden Rahmen. –
Im Kerzenlicht sodann
fing dieses bunte Bild
auf einmal an zu leben.

Du sahst mich plötzlich an,
wir lachten über das Wunder
und sprachen
von bald.

Telefon

Ich weiß es doch, mein lieber Schatz.
Das Telefon ist nur Ersatz.
Jedoch was wären wir denn schon
ganz ohne unser Telefon!

Denn wenn es gut geht, Gott sei Dank,
da quasseln wir wohl stundenlang
und turteln wie die wilden Tauben.
Die Telekom wird es nicht glauben.

Doch heute Morgen ganz verrückt
hab ich den Hörer fast zerdrückt,
denn ich bekam den guten Rat:
Komm doch zu mir durch diesen Draht

Das Geheimnis der Rose

Da stand die Rose fast verblüht.
Sie sprach mich an. Doch fast verfrüht
nahm ich sie gleich nach Hause mit,
damit sie hier nicht länger litt.

Als ich das Schild vom Stamm entnahm,
ich schnell auf ihr Geheimnis kam:
Ach, „wahre Liebe" darauf stand,
was ich recht übertrieben fand. -

Bald strahlte sie in sattem Grün.
Ich wurd belohnt für mein Bemühn.
Ich pflegte sie und sprach mit ihr.
Anscheinend dankte sie es mir.

Als bald ganz viele Knospen kamen,
da glaubte ich an ihren Namen.
Und nach der schönen Urlaubszeit
war es dann endlich auch so weit:

Sie stand in vollster Blütenpracht.
Das hat mir großes Glück gebracht.
Ja, so muss wahre Liebe sein!
Ich liebe sie und bin nicht mehr allein.

Das Herz im Garten

Ich sah ein Herz in deinem Garten stehn.
Darauf stand „Liebe", konnt ich sehn.
Doch was bedeutet es dir wohl?
Wahrscheinlich gilt es als Symbol,

Symbol für ein erfülltes Leben,
das einmal jemand dir gegeben?
Erinnerung an alte Zeiten?
Soll dieses Herz dich weiterleiten?

Ich weiß es nicht, hab keine Ahnung,
Vielleich auch ists gedacht als Mahnung,
nie den Geliebten zu vergessen.
Vielleicht heißts aber auch stattdessen,

Dass stets das Leben weiter geht
und dir zu Glück und Liebe rät.
Das wäre schön und ich sag offen,
es wär für unser Glück zu hoffen.

Goldene Ringe

Seit langem hatte ichs versäumt,
da hat die Lissa aufgeräumt
und goldne Ringe da entdeckt.
Ich habe sie uns aufgesteckt.

Sie passten auch wie angegossen.
Da habe ich sogleich beschlossen,
dass ich sie sinnvoll wohl verwende
Sylvester noch zum Jahresende

Ganz folglich als Verlobungsringe,
bevor das neue Jahr beginne.
Denn wie ich sah, hat Liss gezeigt,
dass sie zu diesem Schritt bereit.

Sylvester dann um Mitternacht
hab ich es auf den Punkt gebracht:
Ne Glückskleeschale Lissa fand,
in der ein Schornsteinfeger stand.

An seinen Armen warn zwei Dinge,
das waren die Verlobungsringe.
Sodann bei einem Gläschen Sekt
hab ich sie uns dann aufgesteckt.

Umzug

Wenn man wie wir sich wirklich mag,
sieht man sich meistens jeden Tag
mal heute hier, dann wieder dort
und fährt gemeinsam manchmal fort.

Ja, immer hin und wieder her.
Erreichbar waren wir nicht mehr.
Es litt der Dienst, die Hausarbeit.
Man hatte dafür kaum noch Zeit.

Selbst Freunde und Bekannte klagten.
Und auch die Wanderdamen fragten
sich sorgend und sogar empört:
Habt ihr von Lissa was gehört?

Dann kam noch die Coronazeit.
Die brachte hier bereits viel Leid.
Drum Conni es gar nötig fand,
dass Lissa kam zu mir aufs Land.

Aus Wochen wurd ein halbes Jahr,
da schien es uns am Ende klar,
natürlich wär ein Umzug gut.
Doch vorerst fehlte noch der Mut.

Als eines Morgens Liss erwacht,
da war es klar, das wird gemacht!
Ja sicher werdet ihr nun fragen,
wie gings in diesen ersten Tagen?

Zuerst mal alles richtig planen!
Doch war jetzt wohl schon zu erahnen:
Wenn zwei Haushalte sich ergänzen,
entsteht ein Chaos ohne Grenzen.

Ein ganzes Haus war auszuräumen.
Davon mag ich nun nicht mehr träumen!
In zwei Etagen, Keller, Stall
war alles wertvoll, kein Abfall.

Ist dein Schrank besser oder meiner?
Am besten neu und etwas kleiner.
Und welche Polstergarnitur?
Die Lissa will die ihre nur.

So kam zum Müll so manches Ding,
an dem die Lissa doch sehr hing.
Da waren selbst die teuren Betten
am Ende auch nicht mehr zu retten.

Mit Kinder Hilfe, ihrer Kraft
wurd alles aber doch geschafft.
Und endlich gegen Ende Mai
war dieser Alptraum auch vorbei.

Der Zustand ist nun überwunden.
Wir haben endlich Ruh gefunden.
Wir freuen uns an all den Dingen,
die uns gemeinsam nun gelingen.

Eingelebt

Fünf Jahre sind es her,
als wir uns erstmals trafen
und zwei so ungefähr
fast wie im Ehehafen.

Du hast dich bei mir eingelebt
und fühlst dich wie daheim
und bist nun auch bestrebt,
es wirklich auch zu sein.

Wir machen viel gemeinsam
und haben Spaß daran
und sind so gar nicht einsam,
selbst als Coron´ begann.

Wir gehen in die Sauna
und ham ein Wohnmobil.
Wir lieben Flora, Fauna
und selbst das Würfelspiel.

Wir nutzen auch den Garten
und sind im nahen Wald.
Wir zählen zu den Harten,
ist es auch nass und kalt.

So kann es also bleiben
die ganze nächste Zeit.
Wir werden alles meiden,
das was nach Unmut schreit.

Opatag

Ein jeder aus dem Freundeskreis
hat wohl auch Enkel. Jeder weiß,
dass damit folglich viele Pflichten
hat dann der Opa zu verrichten.

Soeben denkt man voller Stolz,
der Enkel ist aus gleichem Holz,
weil er schon jetzt zu Späßen neigt
und seinen starken Willen zeigt.

Dann aber ist mans ziemlich leid,
wenn er zu laut nach Nahrung schreit.
Auch wenn er wieder voll bis oben,
erfordert es Erziehmethoden.

Zum Beispiel nutz ich für den Enkel
ein hübsches Töpfchen mit nem Henkel.
Auf dieses setz ich ihn beizeiten,
soll es nicht unnütz Müh bereiten.

Belohn ihn schon, wenn nur ein Tröpfchen
befindet sich in seinem Töpfchen.
Sehr wirksam hilft ne Leckerei,
dann geht bestimmt nichts mehr vorbei.

Kuscheltier

In dem Bettchen so allein
schläft der Jannes nicht gleich ein
wünscht sich jemand, der ganz lieb
bei ihm stets am Bettchen blieb,

Der ihn immer gut bewacht
in der langen, dunklen Nacht,
der ihn knuddelt und auch wärmt
und sich wirklich nie entfernt!

Nach dem Stillen, so halb acht,
sagt die Mama gute Nacht!
Sie verharrt dann noch ein Stück,
doch allein bleibt er zurück.

In dem Bettchen kalt und leer
wälzt sich Jannes hin und her,
denn er fürchtet sich ein bisschen
drückt sich fest ins weiche Kisschen.

Gäb es jemand, der ganz lieb,
neben ihm im Bettchen blieb,
den er merkt und dann auch spürt,
wenn er ihn ganz sacht berührt!

Deshalb eben hoffen wir,
dass ein liebes Kuscheltier,
Jannes immer gut bewacht
in der langen, dunklen Nacht.

Und wir denken, wie es wär,
hätt er einen Teddybär,
der ihn knuddelt und auch wärmt
und sich wirklich nie entfernt!

Mit Kinderaugen

Der Kinder Welt ist riesengroß.
Drum lasst sie ruhig auch mal los!
Es muss auch gar nicht teuer sein,
denn Stefanie fand einen Stein.

Der glitzerte wie ein Kristall.
Solch Schätze gibt es überall.
War dieser Stein auch schwer wie Blei,
der Glaube, der setzt Kräfte frei.

So ging das Ding, zwar grob und hart,
mit uns sodann auf weite Fahrt. -
Wie lange währt das Kinderglück?
Ich hoff, es dauert noch ein Stück.

Erwachsnenlogik zählt hier nicht.
Ein Kind sieht das aus seiner Sicht.
Die Kinderwelt, wer kennt sie wohl?
Der Stein ist hier wie ein Symbol

Für eine heile Kinderwelt
und zählt meist mehr, weil es gefällt.
Was scheinbar wertlos, kein Gewinn,
ist kostbar doch im Kindersinn.

Alt werden

Wieder älter um ein Jahr!
Grau ist längst das blonde Haar.
Werden auch die Glieder steifer,
wird man dafür aber reifer.

Weder Knie noch Hüften heil,
da wird jeder Hügel steil.
Manchmal wird die Luft schon knapp.
Folglich nimmt der Radius ab.

Zwickt es mal bis hin zum Schmerz,
gibt es Mittel, selbst fürs Herz.
Ist es schlimm und wird nicht besser,
muss man eben unters Messer.

Deshalb lebt man viel gesunder.
Trotzdem wird das Bäuchlein runder.
Wichtig wird der Mittagsschlaf
nach dem Essen bei Bedarf.

Ja, man schätzt nun sehr die Ruhe,
trägt nur noch bequeme Schuhe.
Alles geht in kleinen Schritten,
lässt sich öfter zweimal bitten.

Zählt man nun zum alten Eisen,
will man trotzdem sich beweisen.
Vieles gibt es, was noch geht
und bleibt Lebensqualität:

Ehrenämter, Feiern, Sport,
schöne Reisen, auch mal fort.
Stets aktiv und mittendrin
hat das Leben einen Sinn.

Jahreszeiten

Jede Zeit hat ihren Reiz
und ist schön auf ihre andre Art.
Keine möcht ich davon missen.
Ich leb in der Gegenwart.

Frühjahrsputz

Warme Sonnenstrahlen mahnen,
dieses Wetter einzuplanen
für den großen Frühjahrsputz
wider allen Staub und Schmutz.

Umgekrempelt wird das Haus.
Was nicht fest ist, fliegt hinaus.
Die so graue Tüllgardine
wandert in die Waschmaschine.

Ausgelüftet wird das Bett,
neuen Glanz kriegt das Parkett.
Tische, Stühle, Fenster, Schrank
strahlen wieder blitzesblank.

Auch Terrasse, Wintergarten
müssen jetzt nicht länger warten.
Ganze Berge voller Blätter!
Motivierend wirkt das Wetter.

Schließlich folgen Rasen, Beete,
die ich hacke, harke, jäte.
Statt des Winters grauer Narben
leuchten bunte Frühlingsfarben.

Ist dann alles aufgeräumt,
wird der Frühlingstraum geträumt.
Sonnenschirm und Liegestühle
garantieren Glücksgefühle.

Osterhase

Recht wenig Zeit hat nun der Hase
in dieser Ostereierzeit,
und zweifelnd rümpft er schon die Nase,
denn jetzt ist er noch nicht so weit.

Ganz viele Eier sind zu legen
und auch noch farbig zu gestalten.
Gar keine Zeit, sich jetzt zu pflegen.
Er muss nun höchste Kraft entfalten.

Kurz vor dem Fest ists dann geschafft.
Mit vollgefülltem Eierkorb
- das fordert seine letzte Kraft -
geht es nun endlich ganz früh fort.

Zuerst mal zu den Anverwandten,
zu Lennart, Jannes wohl sofort,
dann zu den Onkeln und den Tanten
und zu den Freunden hier im Ort.

Nach langer Arbeit, doch noch heut
und zeitig noch vor Mitternacht
wird, was den Hasen wirklich freut,
der letzte Rest nach Haus gebracht.

Schon steht das Essen auf dem Tisch.
Der rote Wein ist eingefüllt
zur Kräutermahlzeit zart und frisch.
Schon bald sind Hunger, Durst gestillt.

Der Hase spricht vom Arbeitstag.
Die liebe Häsin hört ihm zu.
Er sagt, dass er sie gerne mag.
Sie öffnet ihm die schweren Schuh.

Der Abend dauert nicht mehr lang,
die Augen falln dem Hasen zu.
Er trinkt noch einen Bärenfang,
geht dann zu Bett und schläft im Nu.

.

Ostereier

Jedes Jahr zur Osterfeier
gibt es bunte Ostereier.
Alle Kinder warten schon
auf die große Suchaktion.

In dem Garten tief im Grase
saß wohl grad der Osterhase.
Lennart hat das Nest entdeckt,
das der Hase gut versteckt.

Lennart findet, gar nicht träge,
drei, vier weitere Gelege
zwischen Steinen und am Teich.
Und sein Korb füllt sich sogleich.

Lennart ist zufrieden, heiter.
Vater mahnt: So such doch weiter!
Und sein Blick führt hoch zum Baum.
Lennart siehts, doch glaubt es kaum.

Nein, das kann er nicht verstehen,
wie Hasen auf die Bäume gehen!
Voller Zweifel er beginnt
zu erkennen, was nicht stimmt.

Strandkörbe

An ganz heißen Sommertagen
kann man Sonne kaum vertragen.
Da kann nur ein Strandkorb nützen,
vor der Sonne uns zu schützen.

Doch Gewohnheit es verbietet,
dass man einen solchen mietet.
Dennoch sind, wie dem auch sei,
ein paar Körbe scheinbar frei.

Als wir liegen und schön bräunen,
bittet uns ne Frau zu räumen,
weils angeblich ihrer wär.
Allerdings sind andre leer.

Kein Problem, so sei es drum,
ziehn wir also eben um.
Als wir endlich Ruhe hatten,
fällt auf uns ein kühler Schatten.

Schnellstens hätten wir zu gehen,
gibt man klar uns zu verstehn,
Wieder packen wir die Sachen.
Gegenüber hört man Lachen.

Wir ziehn um und wieder ein.
Das wird unser letzter sein.
Also hoffen wir auch jetzt,
dass der Korb heut nicht besetzt.

Unser Hoffen ward gehört,
denn wir blieben ungestört.
Für uns war das ohne Frag
wie ein echter Wandertag.

Schokoladenbraun

Von dem Schreibtisch an die See
sind die Bäuche weiß wie Schnee,
lechzend nach den Sonnenstrahlen,
die sich laut Prospekt empfahlen.

Frühstück gibts um halb acht Uhr,
danach nur noch Sonne pur.
In dem Strandsand liegt man still
wie ein Würstchen auf dem Grill.

Planvoll nimmt man allenthalben
Sonnenöl und meist noch Salben.
Doch schon rötet sich die Haut,
wenn man nach paar Stunden schaut.

Auch spürt man ein leichtes Brennen.
Dieses wird man wohl verkennen,
denn man hat ein Ideal.
Alles andre ist egal.

Wenn man abends in der Bar,
weil der Tag erfolgreich war,
ein paar Bierchen runterspült,
wird von innen her gekühlt.

Das Gesicht ein Sonnenball,
auch der Körper, überall
glüht man wie im Fegefeuer.
Dieser Urlaub wird noch teuer.

Vorm Zubettgehn noch ne Lotion
für den Rücken unds Popöchen.
Das Gesicht bedeckt ne Creme.
Die ist wirklich angenehm.

Fieberschübe in der Nacht. -
In der Früh die Sonne lacht.
So beschließt man dann deswegen,
keinesfalls schon aufzugeben.

Von dem knappen Urlaubsgeld
kauft man schleunigst erst ein Zelt.
Auch der Sonnenschirm ist wichtig,
denn heut knallt die Sonne richtig.

Auf den Kopf noch einen Hut,
und das T-Shirt tut ganz gut.
Selbst die Beine sind versteckt.
Diese Tarnung ist perfekt.

Auch das Schwimmen fällt nun aus,
abends bleibt man dann zu Haus.
Heute wird man lieber lesen,
von dem Sonnenbrand genesen.

Doch die Nacht ist voller Pein.
Soll das unser Urlaub sein?
Da nur Schmerzen und viel Müh,
gehts zum Doktor in der Früh.

Unser Doktor kennts und scherzt:
Hier sieht man, wie Schönheit schmerzt!
Alles gibt man für den Traum,
dass der Körper dunkelbraun.

Drachenzeit

Länger darf man nun nicht warten,
es ist höchste Drachenzeit!
In dem schon verlassnen Garten
Liegt der Drachen griffbereit.

Gebt ihm Schnur und lasst ihn steigen
Hoch hinaus zu Sonn und Mond!
Ist er frei, wird er uns zeigen,
wo er selbst am liebsten wohnt.

Folgt ihm nach, und eure Träume
werden wahr durch Fantasie!
Kennt ihr jene weiten Räume
grenzenloser Harmonie?

Herbstwind

Es bläst der Herbst mit rauem Ton,
passt auf, ich werds euch zeigen,
und rüttelt, schüttelt, zerrt uns schon
in seinen bunten Reigen.

Macht mit, und fürchtet nicht sein Tun!
Packt euch in warme Sachen
und tanzt wie alle Blätter nun
mit Freude und mit Lachen.

Feuerholz

Hundertjährige mächtige Eichen
müssen harten Männern weichen.
Schrill kreischt die Säge,
weit fliegen Späne.
Mit lautem Krach
stürzt das Blätterdach.
Schwer fällt der Rumpf.
Es bleibt der Stumpf.
Nun schon der sechste!
Es hämmern Äxte
und treiben Keile.
In handliche Teile
spaltet der Gigant,
der eben fest und sicher stand. -
Einst urwüchsiger Stolz
wird schnell zu Feuerholz.

Feuer

Manchmal war das wilde Feuer
für den Menschen nicht geheuer.
Viele brachte es in Not,
und mitunter auch den Tod.

Doch bewacht und gut behütet
hat es dann kaum mehr gewütet.
An dem Feuer sitzt man gerne,
schätzt Gemütlichkeit und Wärme.

Winterharmonie

Schneeflocken schweben,
sie tanzen und leben
behutsam und zart
auf friedliche Art.
Veränderte Welt!
Wem dieses gefällt,
bleibt andächtig stehn,
und fast aus Versehn
gehört man im Nu
ganz einfach dazu.

Winterzauber

Ein Wintertag, es hat geschneit.
Jetzt zeigt die kalte Jahreszeit
ihr allerschönstes Prachtgewand.
Ich geh den Weg am Wald entlang.

Es glänzt der Schnee auf weitem Feld
und führt mich in die Märchenwelt.
So wundersam sind Sträucher, Bäume
und voller Zauber, dass ich träume.

Die Tanne streckt die Arme aus
und fängt die feinen Flöckchen auf.
Die zarten Birken an dem Weiher
sie tragen festlich weiße Schleier.

Und dort die Äste von der Weide
sie funkeln kostbar wie Geschmeide.
Sogar die Zapfen jener Erlen
erstrahlen so wie echte Perlen.

Versilbert glänzt die Haselnuss
geschmückt mit feinem Zuckerguss,
und selbst der große Eichenbaum
verhüllt sich nun mit Seifenschaum. -

Aus märchenhaften Knusperhütten
strömt junges Volk mit vielen Schlitten.
Und alle Spuren auf dem Feld
beleben diese Wunderwelt.

Schneeflocken

Schneeflocken fliegen
und bleiben liegen
ganz federleicht,
behutsam, weich.

Aus weiter Ferne
als Federn und Sterne
mit Zacken und Spitzen,
mit Bändern und Litzen

Wie Diamanten
mit Ecken und Kanten,
als feinste Kristalle,
verschieden alle.

Atmosphärisch geformt,
und dennoch genormt,
stets hexagonal
in unendlicher Zahl!